BEI GRIN MACHT SICH IHR WISSEN BEZAHLT

AF168025

- Wir veröffentlichen Ihre Hausarbeit, Bachelor- und Masterarbeit

- Ihr eigenes eBook und Buch - weltweit in allen wichtigen Shops

- Verdienen Sie an jedem Verkauf

Jetzt bei www.GRIN.com hochladen und kostenlos publizieren

Ziele der Materialwirtschaft und Logistik, das Toyota Produktionssystem, Industrie 4.0 und Mass Customization und die Unterschiede zwischen direktem und indirektem Absatz

Marvin Haas

Bibliografische Information der Deutschen Nationalbibliothek:

Die Deutsche Nationalbibliothek verzeichnet diese Publikation in der Deutschen Nationalbibliografie; detaillierte bibliografische Daten sind im Internet über http://dnb.d-nb.de abrufbar.

ISBN: 9783346205537
Dieses Buch ist auch als E-Book erhältlich.

© GRIN Publishing GmbH
Nymphenburger Straße 86
80636 München

Druck und Bindung: Books on Demand GmbH, Norderstedt Germany
Gedruckt auf säurefreiem Papier aus verantwortungsvollen Quellen

Das vorliegende Werk wurde sorgfältig erarbeitet. Dennoch übernehmen Autoren und Verlag für die Richtigkeit von Angaben, Hinweisen, Links und Ratschlägen sowie eventuelle Druckfehler keine Haftung.

Das Buch bei GRIN: https://www.grin.com/document/911296

Einsendeaufgaben

Die wichtigsten Ziele der Materialwirtschaft und Logistik, das Toyota Produktionssystem (TPS), die Entwicklung bis hin zur „Industrie 4.0" und Mass Customization sowie die Unterschiede zwischen direktem und indirektem Absatz.

abgegeben am 30. Juni 2020 im Prüfungssekretariat

SRH Fernhochschule

Studiengang: Betriebswirt – Führung und Management

von

Marvin Haas

Inhaltsverzeichnis

Inhaltsverzeichnis 2

Abkürzungsverzeichnis 3

Tabellenverzeichnis 4

Abbildungsverzeichnis 5

1. Materialwirtschaft und Logistik 6
    1.1. Ziele der Materialwirtschaft und Logistik 6
    1.2. Zielkonflikte zwischen der Materialwirtschaft und anderen Bereichen 8
        1.2.1 Darstellung von Zielkonflikten 8
        1.2.2 Lösungsansätze für Zielkonflikte 9

2. Das Toyota Produktionssystem 11
    2.1. Erläuterung und Grundphilosophie 11
    2.2. wichtige Begriffe und deren Erklärung 11

3. Industrie 4.0 und Mass Customization 15
    3.1. Entwicklung bis zur Industrie 4.0 15
    3.2. Industrie 4.0 als Grundlage von Mass Customization 16
        3.2.1 Notwendige Voraussetzung und Technologien 17
        3.2.2 Praktisches Beispiel von Mass Customization 18

4. Direkter und indirekter Absatz 20
    4.1. Unterschiede der Absatzformen 20
    4.2. Beispiele für die jeweilige Absatzform 22
    4.3. Wettbewerbsvorteile durch Wechsel der Absatzform? 23

Literaturverzeichnis 25

Abkürzungsverzeichnis

Aufl.	Auflage
bspw.	beispielsweise
CBS	cyber-physische Systeme
TPS	Toyota Produktionssystem
Vgl.	vergleiche

Tabellenverzeichnis

Tabelle 1:   Unterschiede von direktem und indirektem Absatz 21

Abbildungsverzeichnis

Abbildung 1: Ziele bei der Beschaffung 6

Abbildung 2: Toyota Produktionssystem 13

6

1. Materialwirtschaft und Logistik

Insbesondere bei Unternehmen aus dem Industriesektor muss die Versorgung mit Material stets sichergestellt werden. Um diese wichtige Aufgabe kümmert sich die Materialwirtschaft. Grundsätzlich besteht die Materialwirtschaft aus den zwei Funktionen der Beschaffung und der Logistik. [1]

1.1 Ziele der Materialwirtschaft und Logistik

Die Ziele in der Materialwirtschaft und der Logistik sind zunächst von den übergeordneten Zielen des Unternehmens abhängig. Jedoch können grundsätzlich folgende Ziele dargestellt werden:

Abbildung 1: Ziele bei der Beschaffung
(Quelle: Opresnik, M. O./ Rennhak, C. (2015), S. 196)

Qualitätsziele:

Im Bereich der Qualitätsziele muss der Beschaffungsbereich dafür sorgen, dass die benötigten und schließlich beschafften Materialien die notwendige Qualität aufweisen.

---

[1] Vgl. Opresnik, M. O., Rennhak; C. (2015), S. 194

Gleichzeitig müssen sich die Kosten der Materialien in einem bestimmten Rahmen bewegen. Daher finden sich bei der Beschaffung auch Kostenziele. [2]

Kostenziele:

Die eigentliche Erbringung der materialwirtschaftlichen Aufgabe setzt als Ziel, eine möglichst hohe Reduktion von Logistikkosten und Beschaffungskosten voraus. [3]

Sicherheitsziele:

Die Sicherheitsziele betreffen vor allem den Bereich der Logistik. Dessen Aufgabe ist es, die Effizienz zu steigern und den Kunden termingerecht das richtige Material zu liefern. Die Effizienz der Versorgung stellt eine wichtige Komponente dar, um sogenannte Fehlmengkosten zu vermeiden. Diese entstehen, wenn das Material nicht rechtzeitig und in ausreichender Menge geliefert wird. Das entsprechende Unternehmen muss die Produktion einstellen, auf teures Ersatzmaterial ausweichen oder es kann zu Strafzahlungen kommen. Damit dies verhindert wird, leisten die Sicherheitsziele einen wichtigen Beitrag. Daher kann als Hauptziel der Logistik die Optimierung der Logistikeffizienz ermittelt werden. [4] [5]

Liquiditätsziele:

Als abschließende Ziele der Materialwirtschaft können Liquiditätsziele identifiziert werden. Die Aufgabe hierbei ist es, die betriebliche Liquidität aufrechtzuerhalten, damit das Unternehmen jederzeit in der Lage ist, seine kurz – sowie mittelfristigen Zahlungsverpflichtungen zu erfüllen. [6]

[2] Vgl. Opresnik, M. O., Rennhak, C. (2015), S. 196
[3] Vgl. Opresnik, M. O., Rennhak, C. (2015), S. 196
[4] Vgl. Opresnik, M. O., Rennhak, C. (2015), S. 196
[5] Vgl. Wannenwetsch, H. (2014), S. 10
[6] Vgl. Opresnik, M. O., Rennhak, C. (2015), S. 196

1.2 Zielkonflikte zwischen der Materialwirtschaft und anderen Bereichen

Auch wenn die Materialwirtschaft einen wichtigen Beitrag innerhalb eines Unternehmens leistet, kommt es immer wieder zu Konflikten mit anderen Bereichen. Das Erreichen des einen Ziels, beeinträchtigt das Erreichen eines anderen Unternehmensziels. [7]

1.2.1 Darstellung von Zielkonflikten

Wie bereits dargelegt, stellen die Beschaffung und die Logistik die wichtigsten Komponenten der Materialwirtschaft dar. Um Zielkonflikte mit anderen Unternehmensbereichen darzustellen, sollen diese als Grundlage dienen.

Das Unternehmen ist beim Einkauf bspw. gewillt, so geringe Preise wie möglich zu erhalten, dazu so große Rabatte, Skonti und Boni wie möglich. Um dieses Ziel jedoch zu erreichen, müssen sowohl die abzunehmenden Mengen als auch die Kapitalbindung sehr hoch sein. Dies führt in Folge zu Konflikten mit dem Lager des Unternehmens, da eine hohe Lagerkapazität Voraussetzung für dieses Ziel ist. Um die Kapitalbindung niedrig zu halten, könnte das Unternehmen beim Einkauf auf Just-in-Time Lieferung setzen, hierbei könnte jedoch ein Konflikt mit der Produktion entstehen. Es besteht die Gefahr von Lieferengpässen und daraus folgend einem Produktionsstopp. Dies hätte wiederum Fehlmengenkosten zur Folge. Wie bereits bei den Sicherheitszielen gesehen, sollen jedoch gerade diese vermieden werden. Um die Logistik optimal bewerkstelligen zu können, werden viele Daten und Informationen aus allen möglichen Bereichen benötigt. Eine hohe Informationsbereitschaft ist hier das Ziel. Um dieses Ziel jedoch zu erreichen, ist eine hohe Investition in Soft – und Hardware von Nöten, was zu hohen Kosten führt. Dadurch entsteht ein Zielkonflikt mit der Produktentwicklung speziell im Bereich der Preiskalkulation. Die abschließende Qualitätssicherung kann ebenfalls unter die Materialwirtschaft fallen. Um hierbei eine hohe Qualität zu erreichen, ist eine intensive Stichprobenprüfung notwendig. Wenn diese von Hand erledigt werden muss, können Zielkonflikte mit dem Personal entstehen. Außerdem sorgt dies für hohe Prüfkosten. Zu hohe Kosten führen letztendlich zu Zielkonflikten mit der Produktentwicklung aber auch

---

[7] Vgl. Wannenwetsch, H. (2014), S. 16-17

mit dem Marketing und dem Vertrieb, da deren Ziel ist, mit so geringen Kosten wie möglich zu arbeiten. [8]

1.2.2 Lösungsansätze für Zielkonflikte

Bei den dargestellten Zielkonflikten ist es ersichtlich, dass unter keinen Umständen beide Ziele zu 100 Prozent erreicht werden können. Daher müssen jeweils Prioritäten gesetzt werden. Um Prioritäten richtig einzuschätzen, kann es sich anbieten, die Mitarbeiter zu befragen. Häufig sind die Geschäftsführer nicht in dem Maße im Tagesgeschäft involviert, wie die Mitarbeiter. Daher bietet es sich an, bei Entscheidungen gewisse Mitarbeiter zu involvieren. Stellt sich das Unternehmen die Frage, die Lagerkapazitäten zu erhöhen, um dadurch einen größeren Mengenrabatt beim Einkauf zu generieren, kann es sinnvoll sein, den Leiter des Lagers und den Haupteinkäufer bei der Entscheidung zu Wort kommen zu lassen. [9] Denkbar ist es, Ziele in kurzfristige-, mittelfristige- und langfristige Ziele einzuteilen, um so bereits Prioritäten zu ermitteln. Dadurch können bereits Zielkonflikte gelöst werden.

Als weiterer Ansatz zur Prioritätsermittlung bietet es sich an, das Eisenhower-Prinzip zu verwenden. Hierbei werden die Aufgaben innerhalb einer Matrix nach ihrer Wichtigkeit und Dringlichkeit eingeteilt. Wichtige und dringliche Aufgaben sollten zuerst erledigt werden. Jedoch kann dieses Prinzip nur bei ausgewählten Konflikten eingesetzt werden, bspw., wenn es um Qualitätsziele oder Liquiditätsziele geht. [10]

Um die Konflikte zwischen Einkauf und Produktion zu verhindern, bietet es sich an, die optimale Bestellmenge zu ermitteln, da so die Lagerkosten geringgehalten werden aber gleichzeitig kein Produktionsstopp zu befürchten ist. Dies ist eines der Beispiele, bei denen ein Kompromiss die sinnvollste Entscheidung ist, da diese Konflikte gar nicht vollständig gelöst werden können.

Schließlich sollte darauf geachtet werden, die getroffenen Entscheidungen und die festgesetzten Regeln regelmäßig zu überprüfen, um flexibel auf Zielkonflikte reagieren zu können.

---

[8] Vgl. Wannenwetsch, H. (2014), S. 21
[9] Vgl. Kraus, G. (2018)
[10] Vgl. Büntemeyer, L. (2019)

Lösungsansätze:

- Prioritäten setzen (zeitliche Unterteilung der Ziele, Eisenhower-Prinzip)
- Mitarbeiter involvieren
- vergleichbare Kennzahlen ermitteln
- Entscheidungen und Regeln regelmäßig überprüfen

2. Das Toyota Produktionssystem

2.1 Erläuterung und Grundphilosophie

Durch die Entwicklung des Toyota Produktionssystems (TPS) änderte sich das Verständnis der Produktion in der Automobilbranche grundlegend. Jedoch ist es nicht nur für die Automobilbranche wegweisend, sondern breitet sich in allen Branchen aus. Das System gestaltet sich offen und kompatibel und breitet sich aufgrund der einfachen Kerngedanken weitläufig aus. Erste Erfolge verblüffen stets die Beteiligten, da die Mittel dermaßen simpel sind. Dennoch sind die Ergebnisse beachtlich. [11]

Beim Toyota Produktionssystem werden die Mitarbeiter in die Lage versetzt, die Qualität ständig zu verbessern. Dies geschieht dadurch, indem die Prozesse ständig verbessert werden und die Verschwendung von menschlichen, natürlichen und unternehmerischen Ressourcen vermieden wird. Das TPS beinhaltet eine gemeinsame Wertebasis und wirkt sich auf das gesamte Unternehmen aus. Die Mitarbeiter werden stets mit anspruchsvollen Produktionsaufgaben betraut und dazu ermutigt, sich stetig weiter zu verbessern. Der menschliche Aspekt nimmt ebenfalls eine wichtige Rolle ein. [12] Der Respekt für die Menschen und die kontinuierliche Verbesserung können als die zwei Hauptwerte des TPS bzw. des Automobilherstellers Toyota identifiziert werden.

2.2 Wichtige Begriffe und deren Erklärung

Eines der wesentlichen Ziele des Toyota-Produktionssystems ist es, Verschwendung zu erkennen und bestmöglich zu vermeiden, um damit die Kosten zu senken. Die Verschwendung wird im TPS als *Mudra* bezeichnet. Insgesamt können sieben verschiedene Arten von Verschwendung unterschieden werden.

1. Verschwendung durch Überproduktion
2. überflüssige Bewegungen
3. Wartezeiten
4. Transporte

---

[11] Vgl. Fiedler, M. (2018), S. 39
[12] Vgl. Toyota (2020), S. 5

5. Überbearbeitung

6. hohe Materialstände

7. Nachbearbeitung

Diese möglichen Verschwendungen werden beim TPS von zwei Hauptkomponenten weitgehend verhindert. [13]

Grundsätzlich fußt das TPS auf zwei Grundpfeilern. Dies ist zum einen das *Jidoka*. Dieser Begriff bezeichnet die Einheit und das Zusammenspiel zwischen Menschen und Maschine. Dieser Grundpfeiler zielt darauf ab, diese Interaktion zu optimieren. Beim *Jidoka* kann ein Prozess – und Qualitätscharakter identifiziert werden. Auf der einen Seite wird der Prozess ständig verbessert, aber gleichzeitig wird dafür gesorgt, die Qualität in einem Fertigungsschritt ebenfalls zu optimieren. [14]

Der zweite Grundpfeiler drückt sich im Konzept der **Just-in-Time** Produktion aus. Ein hoher Grad an Produktivität kann durch dieses Konzept erreicht werden. Beim Just-in-Time geht es darum, dass alle benötigten Materialien und Vorprodukte erst zum Zeitpunkt der Produktion geliefert und bereitgestellt werden. Dadurch werden nicht nur Lagerkosten auf ein Minimum reduziert, es sorgt auch für einen kontinuierlichen Fluss an Materialien und deren Verarbeitung. Des Weiteren richtet sich dieses Konzept auf den Kunden aus, der erst mit seiner Bestellung die Fertigung auslöst. Diese Sichtweise steht im genauen Gegensatz zur Massenfertigung, bei der auf Lager produziert wird, ohne konkreten Bedarf. Weiterhin sorgt die Just-in-Time Produktion dafür, die Auslastung der Produktion zu bestimmen und so den genauen Zeitpunkt der Auslieferung zu ermitteln. Über die Materialverfügbarkeit und über die Steuerung des Einkaufs können so exakte Aussagen getroffen werden. [15]

Tatsächlich besteht das TPS nicht nur aus diesen zwei Grundpfeilern, sondern man spricht vom ganzen TPS-Haus, welches nachfolgend dargestellt ist.

---

[13] Vgl. Schäfer, D. (2015), S. 41
[14] Vgl. Fiedler, M. (2018), S. 48
[15] Vgl. Fiedler, M. (2018), S. 49

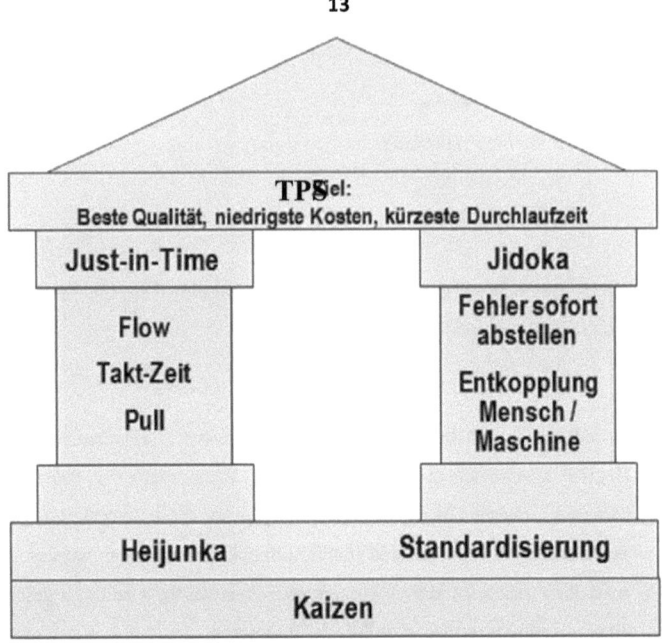

Abbildung 2:   Toyota Produktionssystem
(Quelle: https://www.jensalbat.com/flow/flow-in-prozessen/tps/)

Die dritte wichtige Komponente des TPS-Hauses ist das Fundament. Dieses wird als *Kaizen* bezeichnet.   Grundsätzlich spricht man hier von einem Konzept, um eine kontinuierliche Verbesserung der Leistung zu erreichen. Jedoch ist darunter noch viel mehr zu verstehen. Es ist eine Grundeinstellung, eine philosophische Ausrichtung der eigenen Arbeit und der des gesamten Unternehmens. *Kaizen* drückt die Sichtweise japanischer Arbeit aus, bei der es darum geht, stets sein Bestes zu geben, stets die beste Leistung zu erbringen und vor allem auch aus Fehlern zu lernen, sowohl aus seinen eigenen als auch, aus denen von anderen. Der Prozess besteht aus vielen kleinen Schritten und beginnt mit großen Erfolgen, wo schnelle Gewinne eingefahren werden. Dies ist für die Mitarbeiter besonders motivierend. Je weiter der Prozess fortschreitet, desto kleiner werden die erzielten Erfolge. Jede Verbesserung ist ein Schritt in die richtige Richtung, mag er auch noch so klein sein. Dies ist die Philosophie des *Kaizen*. Dabei soll die Optimierung nicht nur der Optimierung wegen erfolgen, sondern zur Erleichterung der eigenen Arbeit, der Arbeit der Kollegen und zur Qualität des Produktes beitragen.[16]

---

[16] Vgl. Fiedler, M. (2018), S. 51

Das TPS ist daher keine starre Handlungsanweisung, sondern ist als Rahmenwerk zu verstehen, was Handlungsempfehlungen und Denkanstöße gibt.

3. Industrie 4.0 und Mass Customization

Unter der Industrie 4.0 wird die vierte industrielle Revolution in Deutschland verstanden. Vorrangig wird darunter der Einsatz von cyber-physischen Systemen verstanden, die in der Produktion eingesetzt werden. Die Einführung dieser cyber-physischen Systeme stellt zunächst eine technische Innovation dar, die deutliche Auswirkungen auf Unternehmensstrukturen und Märkte sowie Geschäftsmodelle haben wird. [17]

3.1 Entwicklung bis zur Industrie 4.0

Die **erste industrielle Revolution** hatte ihren Anfang mit dem Aufkommen von Massenproduktionen. Zu Beginn des 19. Jahrhunderts wurden von Menschenhand betriebene Maschinen immer mehr durch mechanische Produktionsanlagen ersetzt, die mit Wasserkraft oder Dampfmaschinen angetrieben wurden. Es entstanden riesige Fabriken, in denen in großen Mengen produziert werden konnte. Diese erste industrielle Revolution veränderte den Kohleabbau und die Schwerindustrie sowie das Eisenbahngeschäft. Des Weiteren führte sie zu Veränderungen im Verkehr, vor allem der Dampfschifffahrt und der Textilherstellung.

Mit dem Aufkommen der Elektrizität als Antriebskraft begann ab dem Ende des 19. Jahrhunderts die **zweite industrielle Revolution**. Vor allem durch das Automobil entstand eine weitere Form der Automatisierung. Motoren übernahmen nun einen großen Teil der Arbeit. Per Fließband – und Akkordarbeit konnte nun in noch größeren Mengen produziert werden. Telegrafenanstalten und erste Telefone erleichterten die Kommunikation und beschleunigten so die Arbeitsprozesse. Außerdem entstanden die ersten Schritte der Globalisierung. Die Luftfahrt nahm ihren Betrieb auf und Schiffe konnten nun problemlos die Weltmeere befahren und weitentfernte Kontinente erreichen.

Mit der Entwicklung von Computern wurde der Grundstein für die **dritte industrielle Revolution** gelegt. Obwohl der erste Computer bereits 1941 vom deutschen

---

[17] Vgl. Lachenmeier, J. F., Haußmann, C., Kemper, HG., Lasi, H. (2019), S. 317

Bauingenieur Konrad Ernst Otto Zuse entwickelt wurde, begann die dritte industrielle Revolution erst richtig ab den 1970er-Jahren. Elektronik und IT sorgten für eine noch weitere Automatisierung der Produktion. Die großen Rechenmaschinen wichen den Personal-Computern (PCs), die Zuhause und im Büro einen neuen Industriezweig darstellten.

Aktuell befinden wir uns mitten in der **vierten industriellen Revolution**. Der Hauptaspekt bezieht sich darauf, Technologien, die zuvor analog funktionieren, zu digitalisieren. Außerdem geht es darum, cyber-physische Systeme zu integrieren. Diese Revolution ist dadurch geprägt, nicht nur Technologien weiter zu entwickeln, sondern auch die Produktions – und Arbeitswelt im globalen Zeitalter zu verändern. Die Produktion ist geprägt durch Just-in-Time Herstellung und einer großen Bandbreite an Modellen und Produktausführungen, teilweise sogar Einzelstücke, die ohne Einbußen produziert werden. Die Produktionsanlagen sind an das Internet angeschlossen und aufgrund einer Vielzahl von Daten, die schnell verarbeitet werden, kann die Produktion schnell auf Veränderungen am Markt reagieren. [18]

3.2 Industrie 4.0 als Grundlage von Mass Customization

Mass Customization, was auf den ersten Blick wie ein Widerspruch klingt, bezeichnet das Prinzip, wie heute vielfach produziert wird. Viele Konsumenten streben nach immer größerer Individualität. Das Konzept zielt quasi auf kundenindividuelle Massenproduktion ab. Die Konsumenten werden am Produktionsprozess beteiligt, indem sie im Voraus zwischen verschiedenen, vorgegebenen Produktvariationen wählen können. Diese sind zwar numerisch begrenzt, jedoch so zahlreich, dass der Kunde das Gefühl hat, ein individuelles Produkt zu erhalten. [19] Noch während der dritten industriellen Revolution wäre eine derartige Individualität nicht möglich gewesen, da die notwendigen Technologien gefehlt haben. Mittlerweile sind diese Technologien dank der vierten industriellen Revolution vorhanden. Welche dies genau sind, soll nachfolgend dargestellt werden.

---

[18] Vgl. Frick, T. W. (2017)
[19] Vgl. Ternés, A., Towers, I., Jerusel, M. (2015), S. 14

3.2.1 Notwendige Voraussetzungen und Technologien

Die Grundlage für Industrie 4.0 und damit der Mass Customization stellen die bereits angesprochenen cyber-physischen Systeme und das Internet der Dinge dar. Unter cyber-physischen Systemen, kurz CBS, werden Systeme verstanden, die eine integrierte Software mit Sensoren besitzen. Dadurch wird es möglich, Daten zu erfassen, zu speichern und schließlich an den Menschen weiterzuleiten. CPS dient quasi als Schnittstelle zwischen Mensch und Maschine. [20]

Beim Internet der Dinge wiederum spricht man davon, dass industrielle Geräte praktisch eine zweite Identität besitzen, die im Netz gespeichert ist. Es ist jener Ort, wohin das Gerät Informationen sendet. Intelligente Objekte sind durch den Austausch von Informationen in der Lage, eigenständig Entscheidungen zu treffen. Entsprechende Computer, die in die Geräte eingebaut sind, entscheiden und begreifen selbst und sind somit unabhängig vom Menschen. [21]

Um die individuelle Massenproduktion umzusetzen, müssen drei Ebenen beachtet werden. Zunächst ist es entscheidend, dass die Produktionsprozesse agil sind, um so schnelle Wechsel zu ermöglichen, aber auch kurze Durchlaufzeiten zu gewährleisten. Als weitere Voraussetzung müssen die Planungsprozesse von hoher Qualität sein, um die ständig wechselnde Auftragslage zielführend umsetzen zu können. Hocheffektive Planungs – und Vorhersagetools sind bei diesem Punkt entscheidend. Nur so können die Auftragseingänge in etwa abgeschätzt werden. Der dritte Aspekt bezieht sich auf die Mitarbeiterplanung. Hierbei ist eine hohe Flexibilität seitens der Mitarbeiter als Voraussetzung anzusehen. Eine exakte Dokumentation der einzelnen Prozessschritte, ein hohes Know-how der Mitarbeiter und flache Hierarchien sind notwendig, um flexibel agieren zu können. [22]

Im Detail betrachtet muss die Produktion automatisiert und vom Menschen gelöst werden. Dies trifft vor allem auf Werkzeug – und Werkstückhandling zu. Um Mass Customization praktisch umzusetzen, bietet es sich an, einen kooperierenden

---

[20] Vgl. Stemmer, J. (2016)
[21] Vgl. Stemmer, J. (2016)
[22] Vgl. TCW (2020)

Leichtbauroboter zu verwenden, der die Produktion automatisiert. Dadurch verkürzt sich die Taktzeit und die Produktivität kann gesteigert werden. Dieser entstehende variable Produktionstakt sorgt für eine durchgehende Agilität und einem konstanten Output. Um das Internet der Dinge zu nutzen, ist die Technologie des **Digitalen Zwillings** einzusetzen. Hierbei wird ein reales Produkt mit seinem digitalen Abbild verknüpft. Dadurch können Simulationen im Voraus ausgeführt werden und Probleme erkannt und beseitigt werden. Dies spart bei der endgültigen Produktion eine große Menge an Rüstzeit. Fahrerlose Transportsysteme sind die dritte grundlegende Technologie, durch die Mass Customization erst wirklich umgesetzt werden kann. Die Mitarbeiter werden von logistischen Aufgaben entlastet und können sich auf den Wertschöpfungsprozess konzentrieren. Die fahrerlosen Transportsysteme bilden die Grundlage, um agil und flexibel auf Änderungen am Markt und damit bei der Produktion agieren zu können. Dies ist eines der Hauptmerkmale der individuellen Massenproduktion. [23]

3.2.2 Praktisches Beispiel von Mass Customization

Der Sportartikelhersteller Nike bietet mit „Nike by you" ein Konzept an, das ein typisches Beispiel von individueller Massenfertigung ist. Der Kunde ist hierbei in der Lage, Produkte der Marke individuell anzupassen, zu gestalten und so ein praktisch einzigartiges Kleidungsstück zu erhalten. Die Möglichkeit dieser Individualisierung bezieht sich überwiegend auf Schuhe. Darunter fallen Freizeitschuhe, Sportschuhe, Fußballschuhe, usw. Nike bietet diesen Service sowohl Kunden im Internet an aber auch vor Ort, in speziellen Designstudios. Der Kunde wählt zunächst das Schuhmodell aus, dieses ist vorgegeben und kann nicht personalisiert werden. Daher ist auch die Form des Schuhs bereits vorgegeben. Dieser kann daher in Massenfertigung hergestellt werden. Der Individualisierungsprozess bezieht sich schließlich auf die Farbgebung, auf Extras, die auf dem Schuh angebracht werden sollen und das Material, welches an bestimmten Stellen verwendet werden soll.

Nike nutzt hier bei der Onlinevariante Vorlagen, die der Kunde auswählen und bearbeiten kann. Bereits am PC sieht er, wie sein Produkt am Ende aussehen wird. Dieser

---

[23] Vgl. TCW (2020)

Konfigurator stellt die wichtigste Komponente dar, damit Mass Customization funktionieren kann. Es stehen Farbpaletten zur Verfügung, aus denen praktisch jede Farbe gewählt werden kann. Dazu besteht die Möglichkeit ein Textfeld individuell zu füllen sowie Extras einzufügen. Dazu gehören bspw. ein Schlammschutz, eine Lasche über den Schnürsenkeln oder auch ein eigenes Logo. In den Studios vor Ort, haben die Kunden sogar eine noch größere Auswahl an Farben, Werkzeugen und Materialien. Ist man als Kunde mit seinem eigens erstellten Design und Konzept zufrieden, übermittelt man dieses an Nike. Das Unternehmen führt nun nach diesen Vorgaben die Produktion des Schuhs aus. Zwischen drei und fünf Wochen dauert der Erstellungsprozess, bis das Produkt schließlich beim Kunden ankommt. „Nike by you" umfasst die typischen Komponenten der individuellen Massenfertigung. Das Hauptprodukt wird weiterhin in großen Mengen produziert. Erst für die letzten Fertigungsschritte kann der Kunde seine Wünsche einbringen. Mit heutigen Robotern und passender Software kann die notwendige Individualisierung erreicht werden. So bleibt das Modell und die Form des Schuhs gleich, jedoch haben die Kunden das Gefühl, ein individuelles Produkt zu erhalten. Der Kunde wird nicht zum Mitentwickler, sondern ihm bleiben nur verschiedene Auswahlmöglichkeiten, von diesen jedoch eine große Anzahl. [24] [25]

---

[24] Vgl. Nike (2020)
[25] Vgl. Tsigkas, A. C. (2013), S. 31-39

4. Direkter und indirekter Absatz

Grundsätzlich lassen sich zwei unterschiedliche Vertriebsformen unterschieden. Diese sind zum einen der direkte Absatz und zum anderen der indirekte Absatz. Die Unterschiede der jeweiligen Vertriebsform sollen nachfolgend dargestellt werden.

4.1 Unterschiede der Absatzformen

Der direkte Absatz ist dadurch gekennzeichnet, dass zwischen dem Endverbraucher und dem Produzenten kein Absatzmittler zwischengeschaltet ist. Dies bedeutet, dass der Hersteller mit dem Kunden unmittelbar in Kontakt tritt. Der direkte Vertrieb gibt dem Produzenten die Möglichkeit, den Absatzvorgang umfassend zu kontrollieren. Die Wahl des Verkaufspreises oder die Art der Werbung können vom Hersteller unmittelbar gewählt werden. Außerdem besteht die Möglichkeit, eine direkte Kommunikation zwischen dem Produzenten und dem Endkunden aufzubauen. Dies hat zur Folge, dass Kritik und Rückmeldungen leicht eingeholt werden können. Des Weiteren ist der Produzent bei dieser Absatzform völlig unabhängig von etwaigen Zwischenhändlern. Diese Form des Absatzes führt jedoch auch zu hohen Personalkosten. Dazu ist die Möglichkeit die Produkte in großen Mengen zu verteilen eingeschränkt. Ein Merkmal des direkten Absatzes ist, dass die Erzeugnisse überwiegend für einen kleinen Kundenkreis angedacht sind. Die Aufgaben auf logistischer Seite sowie im administrativen Bereich sind mit einem großen Aufwand verbunden. [26] [27]

Der große Unterschied zwischen den beiden Absatzformen ist anhand der Zwischenhändler auszumachen. Beim indirekten Vertrieb werden zwischen den Produzenten und dem Endkonsumenten teilweise mehrere Absatzmittler eingeschaltet, wie etwa Groß – oder Einzelhändler, die die Erzeugnisse vertreiben.

Da beim indirekten Vertrieb einer oder mehrere Zwischenhändler eingesetzt werden, findet kein direkter Kundenkontakt statt. Die Waren oder Dienstleistungen werden damit

---

[26] Vgl. studyflix.de (2020)
[27] Vgl. Herlan, C. (2012)

nicht unmittelbar und somit indirekt vertrieben. Daher sind mehrere Stufen möglich, bis das Produkt schließlich zum Kunden gelangt. Teilweise sind mehr als zwei Zwischenstationen möglich. Anders als beim direkten Absatz sind hierbei geographisch großflächige Vertriebsmöglichkeiten gegeben. Die logistischen und administrativen Herausforderungen werden dazu an einen oder mehrere Zwischenhändler abgegeben. Dies hat zur Folge, dass diese Vertriebsform deutlich kostengünstiger als die des direkten Vertriebs ist. Da sich diese Absatzform nur mit vielen verschiedenen Produkten lohnt, ist eine Priorisierung der Produktpalette in keinem derartigen Maße möglich. Anders als beim direkten Vertrieb halten sich die Möglichkeiten, Einfluss auf Werbemaßnahmen oder gar den Verkaufspreis zu nehmen, in Grenzen. Logischerweise gestaltet sich eine direkte Kommunikation deutlich schwieriger. [28] [29]

Unterschiede der beiden Absatzformen	
Direkter Absatz	**Indirekter Absatz**
Unmittelbarer Kundenkontakt	Zwischenschaltung von Absatzmittlern
Werbung und Verkaufspreis können vom Produzenten selbst bestimmt werden	Kaum Einfluss auf Werbemaßnahmen oder die Preisgestaltung
Hohe Personalkosten	Kostengünstige Vertriebsform
Hoher logistischer und administrativer Aufwand	Logistische und administrative Aufgaben werden an Zwischenhändler übertragen
Distribution großer Mengen ist nicht möglich	Geographisch großflächige Vertriebsnetze gegeben
Wenig unterschiedliche Produkte für einen kleinen Kundenkreis	Große Produktpalette für einen großen Kundenkreis

Tabelle 1:   Unterschiede von direktem und indirektem Absatz
(Quelle: eigene Darstellung)

---

[28] Vgl. studyflix (2020)
[29] Vgl. Herlan, C. (2012)

4.2 Beispiele für die jeweilige Absatzform

Beispiel direkter Absatz:

Der europäische Marktführer von Speiseeis und Tiefkühlwaren *bofrost** ist ein typisches Beispiel für Direktvertrieb. Verkaufsfahrer des Unternehmens beliefern mit firmeneigenen Fahrzeugen die Kunden. Dabei werden die Kunden individuell betreut. Der entsprechende Verkaufsfahrer liefert, wenn möglich zum Wunschtermin, die Ware direkt an die Haustür. Aufgrund der hochwertigen Kühltechnik der Fahrzeuge ist hochwertige Qualität von *bofrost** garantiert. Vor Ort werden durch den *bofrost**-Mitarbeiter Werbung übermittelt und auf Angebote hingewiesen. Wie es beim direkten Absatz typisch ist, findet ein unmittelbarer Kundenkontakt statt. Der Aufwand in logistischer und administrativer Hinsicht ist sehr groß. Die Fahrer beliefern praktisch jedes einzelne Haus in ganz Deutschland. Daher ist die Distribution großer Mengen nicht möglich. Die Größe der Fahrzeuge entspricht, etwa der eines Kleintransporters. Dennoch stehen den Kunden viele verschieden Produkte zur Auswahl. Natürlich kann es vorkommen, dass bestimmte Produkte am eigenen Liefertermin bereits ausverkauft sind. Aufgrund des direkten Kundenkontakts können schnell und einfach alternative Produkte angeboten werden oder ein neuer Wunschtermin zur Lieferung ausgemacht werden. *bofrost** ist aufgrund des Direktvertriebs in der Lage individuell auf die Kunden zu reagieren, da sie anders als beim indirekten Absatz, den Vertrieb ihrer Waren selbst vornehmen. [30]

Beispiel indirekter Absatz:

Da der indirekte Absatz deutlich kostengünstiger ist, setzen heutzutage viele Unternehmen auf diese Vertriebsform. So auch die *Rügenwalder Mühle*. Das Unternehmen bietet keinen eigenen Vertriebskanal an, sondern verkauft ihre Produkte in vielen verschiedenen Märkten des Einzelhandels. Bekannt für ihre Fleischprodukte und Aufstriche, ist das Sortiment mittlerweile durch vegane und fleischlose Produkte erweitert worden. Mit insgesamt über 70 verschiedenen Produkte stellen sie eine große

---

[30] Vgl. bofrost (2020)

Produktpalette für einen großen Kundenkreis zur Verfügung. Dies ist ein typisches Merkmal des indirekten Vertriebs. Als Absatzmittler werden Einzelhändler in Form von Supermärkten dazwischen geschalten, in denen die Produkte erworben werden können. Dadurch bedient sich *Rügenwalder Mühle* einem großen Vertriebsnetz, welches sie selbst jedoch nicht errichten mussten. Daher sind die logistischen und administrativen Herausforderungen für das Unternehmen gering. Da der Einzelhandel dazwischengeschaltet ist, der als Absatzmittler selbstverständlich seinen Anteil am Produkt haben möchte, hat *Rügenwalder Mühle* keine große Freiheit, den Preis selbst festzulegen. Durch einen Absatzmittler besteht außerdem nur bedingt die Möglichkeit, Einfluss auf die Werbemaßnahmen zu nehmen. Jedoch ist die Vertriebsform für die *Rügenwalder Mühle* äußerst kostengünstig, was typisch für den indirekten Absatz ist. [31]

4.3 Wettbewerbsvorteile durch Wechsel der Absatzform?

Bauern und landwirtschaftliche Betriebe greifen ebenfalls häufig auf den indirekten Absatz zurück. Jedoch kann sich unter gewissen Voraussetzungen ein Wechsel der Absatzform lohnen. Die Landwirtschaft leidet seit Jahren unter enorm niedrigen Preisen. Da häufig mehrere Absatzmittler dazwischengeschaltet sind, erhält der Landwirt vom Verkaufspreis nur eine sehr kleine Marge. Daher könnte ein Wechsel auf den direkten Absatz deutlich mehr Gewinn einbringen und dadurch Wettbewerbsvorteile zunächst gegen andere Landwirte generieren. Das Konzept der solidarischen Landwirtschaft zeigt bereits, dass dies auf dem Markt umzusetzen ist. In einem ersten Schritt muss der landwirtschaftliche Betrieb ein Vertriebsnetz aufbauen, das aus Kunden seiner näheren Umgebung besteht, die bereit sind, seine Produkte abzunehmen. Ist dies erreicht, kann ein Abonnement-Modell eingerichtet werden, wodurch der Landwirt die nötigen finanziellen Mittel besitzt, um bestmöglich wirtschaften zu können. Die Produkte können anschließend ausgeliefert oder auch selbst abgeholt werden. Dadurch erhalten die Kunden eine sehr gute Qualität von Produkten, dazu noch aus der näheren Umgebung und der Landwirt bekommt im Gegenzug vernünftige Preise, um weiterhin die bestmögliche Qualität liefern zu können. [32] Jedoch wird kein Absatzmittler wie der Einzelhandel

---

[31] Vgl. ruegenwalder.de (2020)
[32] Vgl. Kraiß, K., van Elsen, T. (2008), S. 44-47

benötigt. Wenn sich der Landwirt auf die Qualität der Produkte konzentrieren kann und nicht zu möglichst niedrigen Kosten produzieren muss, wird er sich qualitativ von der Konkurrenz absetzen können und immer mehr Kunden generieren können. Die Anzahl der Kunden wird stetig steigen und dadurch wird sich der direkte Absatz wirtschaftlich immer mehr rechnen. Jedoch kann der Wechsel zu Beginn riskant sein. Auf langfristige Sicht können sich jedoch deutliche Wettbewerbsvorteile ergeben, zumal sowohl die Kunden als auch der Produzent davon profitiert.

Literaturverzeichnis

bofrost* (2020), Service – bofrost* Einkaufserlebnis, In: https://www.bofrost.de/qualitaet-service/service/service-bofrost-einkaufserlebnis.html, abgerufen am 27.06.2020.

Büntemeyer, L. (2019), So finden Sie Zeit für das, was wirklich wichtig ist, In: https://www.impulse.de/management/selbstmanagement-erfolg/eisenhower-prinzip/3558243.html, abgerufen am 27.06.2020.

Fiedler, M. (2018), Lean Construction – Das Managementhandbuch – Agile Methoden und Lean Management im Bauwesen, 1. Aufl., Berlin, Heidelberg.

Frick, T. W. (2017), Industrie 1.0 bis 4.0 – Industrie im Wandel der Zeit, In: https://industrie-wegweiser.de/von-industrie-1-0-bis-4-0-industrie-im-wandel-der-zeit/, abgerufen am 27.06.2020.

Herlan, C. (2012), Direkter oder indirekter Vertrieb von Produkten, In: https://www.business-wissen.de/artikel/direkter-oder-indirekter-vertrieb-von-produkten/, abgerufen am 27.06.2020.

Jerusel, M./ Ternés, A./ Towers, I. (2015), Konsumentenverhalten im Zeitalter der Mass Customization – Trends: Individualisierung und Nachhaltigkeit, 1. Aufl., Wiesbaden.

Kraiß, K./ van Elsen, T. (2008), Community Supported Agriculture (CSA) in Deutschland – Konzept Verbreitung und Perspektiven von landwirtschaftlichen Wirtschaftsgemeinschaften, Lebendige Erde, 2, S. 44-47.

Kraus, G. (2018), Was tun, wenn sich zwei Ziele nicht unter einen Hut bringen lassen?, In:https://www.impulse.de/management/unternehmensfuehrung/zielkonflikte/7306625.html, abgerufen am 26.06.2020.

Nike (2020), Nike By You, In: https://www.nike.com/de/nike-by-you?cp=78404853897_search_%7cnikeid%7c361020737%7c1179776820649031%7ce%7cc%7cDE%7cpure%7c73736206851294&msclkid=0fc1ab9762131a78aa19f563164a10c7&gclid=CJzWgafZnOoCFdSXhQodzFkE5Q&gclsrc=ds, abgerufen am 27.06.2020.

Opresnik, M. O./ Rennhak, C. (2015), Allgemeine Betriebswirtschaftslehre – Grundlagen unternehmerischer Funktionen, 2. Aufl., Berlin, Heidelberg.

Rügenwalder Mühle (2020), Hier gibt es unsere Produkte zu kaufen, In: https://www.ruegenwalder.de/service/wo-gibt-es-unsere-produkte, abgerufen am 27.06.2020.

Schäfer, D. (2015), Lean-Informationstechnik im Finanzdienstleistungssektor – Wege zu Prozess – und Kostenoptimierung mit ITIL & Lean, 1. Aufl., Berlin, Heidelberg.

Stemmer, J. (2016), Industrie 4.0 – Der Wandel der Produktion, In: https://www.md-automation.de/themen/standpunkte/industrie-40-der-wandel-der-produktion, abgerufen am 27.06.2020.

studyflix (2020), Direkter Vertrieb, In: https://studyflix.de/wirtschaft/direkter-vertrieb-1222, abgerufen am 27.06.2020.

studyflix (2020), Indirekter Vertrieb, In: https://studyflix.de/wirtschaft/indirekter-vertrieb-1223, abgerufen am 27.06.2020.

TCW (2020), Industrie 4.0 als Lösung zur Mass Customization bei Hochvarianzprodukten, In: https://www.tcw.de/news/industrie-40-als-loesung-zur-mass-customization-bei-hochvarianzprodukten-1051, abgerufen am 27.06.2020.

Toyota Material Handling (2020), Toyota Produktionssystem (TPS), In: https://toyota-forklifts.de/toyota-lean-academy/toyota-produktionssystem/, abgerufen am 27.06.2020.

Tsigkas, A. C. (2013), The Lean Enterprise – From the Mass Economy to the Economy of One, 1. Aufl., Berlin, Heidelberg.

Wannenwetsch, H. (2014), Integrierte Materialwirtschaft, Logistik und Beschaffung, 5. Aufl., Berlin, Heidelberg.